Britta Schwarz/Carsten Märtin

Meine Brille kann zaubern

LAPPAN

Lisa ist vier Jahre alt. Heute geht sie nicht in den Kindergarten, denn sie hat einen wichtigen Termin. Beim Augenarzt – wie die Erwachsenen!
Lisa sitzt mit ihrer Mama im Wartezimmer und ist sehr aufgeregt. Zur Feier des Tages hat sie ihr Lieblings-T-Shirt angezogen, das grüne mit den Margeriten darauf.

Die Mama von Lisa begleitet sie ins Untersuchungszimmer.

„Schau mal, was ich hier habe", sagt der Doktor zu Lisa und leuchtet ihr mit einer kleinen Taschenlampe ins Gesicht.

Lisa muss kichern. Hier gefällt es ihr. Sie darf in ein Gerät gucken, das fast wie Papas Fernglas aussieht, nur viel größer.

Danach spielt sie mit dem Augenarzt Piraten. Er streift ihr eine Augenklappe über. Kapitän Einauge Lisa erzählt, welche Bilder sie an der Wand erkennen kann: „Schiff, Tasse, Teddy ..." Leider werden die Bilder immer kleiner, und auf einmal sieht Lisa nur noch schwarze Punkte.

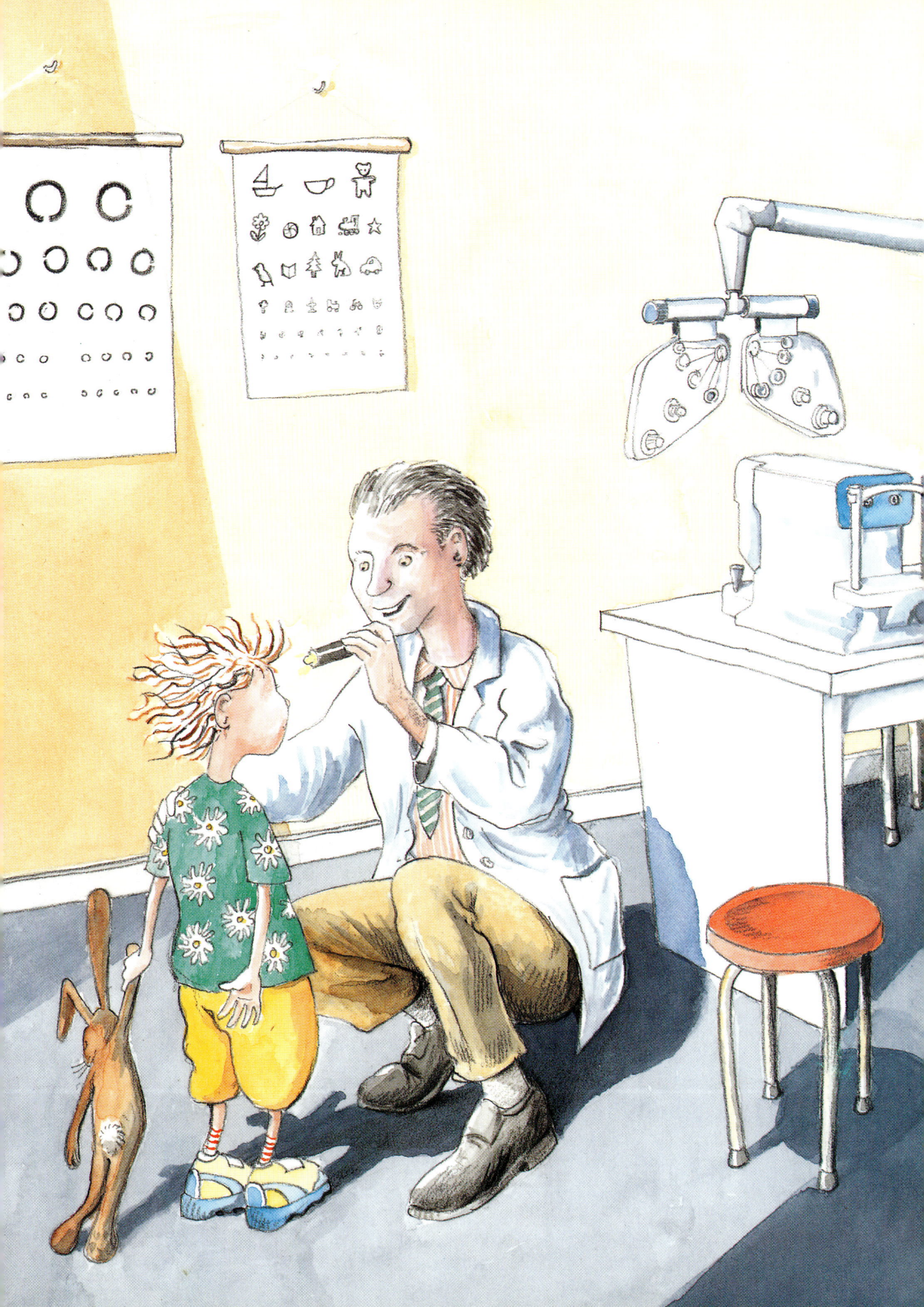

Lisa ist richtig traurig, als sich der Doktor von ihr verabschiedet. „Mama, kommen wir bald wieder?", fragt sie.
Ihre Mama nickt. „In vier Wochen."
„Prima", freut sich Lisa. Sie kann es kaum erwarten, ihren Freunden im Kindergarten zu erzählen, was sie beim Augenarzt erlebt hat.
„Wart nur ab, wie Leonie, Yannik und Marie dich beneiden werden, wenn du ihnen deine neue Brille zeigst", sagt Mama.
Brille? Lisa will keine Brille! Lisa findet Brillen doof. Sören aus dem Kindergarten hat eine, und Lisa kann Sören nicht leiden.

Doch Mama lässt nicht locker. Sie geht mit Lisa in einen Laden, in dem es so viele Brillen gibt, dass Lisa sie nicht zählen kann.

Eine große Frau kommt hinter einer Tür hervor.
Auf ihrer Nase sitzt eine riesige Brille.
Lisa fürchtet sich ein bisschen. Ganz fest drückt sie Mamas Hand.
„Das ist eine Optikerin", flüstert Mama. „Sie hilft dir, eine schicke Brille auszusuchen."
„Ich habe Hunger. Ich will nach Hause", nörgelt Lisa.
Ob Mama nicht verstanden hat? Sie gibt der Frau ein Rezept vom Augenarzt. Nun wird Lisa wirklich wütend.
„Ich will sofort nach Hause!" Sie wirft sich zu Boden und trommelt mit ihren Fäusten auf den Teppich.

Lisa schreit immer lauter und Mama bekommt einen ganz roten Kopf. Trotzdem gibt Mama nicht auf. Sie hebt Lisa auf ihren Schoß.

Die Optikerin hält ein merkwürdiges Lineal vor Lisas Gesicht. Dann holt sie viele bunte Brillen aus einem Regal. Lisa hält sich die Augen zu. Sie will die Brillen nicht sehen. „Du hast ein tolles T-Shirt", sagt die Optikerin. „Sind das deine Lieblingsfarben?"

Auf einmal wird Lisa ganz still. Sie nickt und kuschelt sich in Mamas Arme.

„Schau mal, Lisa, hier habe ich etwas ganz Besonderes für dich." Die Optikerin setzt Lisa eine der Brillen auf. Lisa schaut kurz in den Spiegel und muss zugeben, dass sie eigentlich recht hübsch damit aussieht. Trotzdem! Sie will keine Brille, nein, nein! Rasch reißt sie sich das Brillengestell von der Nase.

„Die ist prima", seufzt Mama, „die nehmen wir."

Dann fahren Mama und Lisa nach Hause. Ohne Brille! Lisa freut sich, dass die Optikerin ihnen nun doch keine mitgegeben hat.
„Am Freitag holen wir deine Brille ab", sagt Mama. „Zuerst müssen da noch Gläser hinein."
Jetzt freut sich Lisa gar nicht mehr. „Wozu soll die Brille überhaupt gut sein?", mault sie.
Mama lächelt. „Damit du besser gucken kannst."
Aber Lisa findet, sie kann auch ohne Brille ziemlich gut gucken. Sie sieht die Straße und alle Autos und alle Fahrräder.

Lisa hat schlechte Laune. Heute Nachmittag hat sie ihre neue Brille bekommen.
„Du musst sie immer tragen", hat die Optikerin zu ihr gesagt.
Aber Lisa hat wieder angefangen zu schreien.
„Bitte setz doch deine Brille auf", sagt Mama jetzt zu ihr.
Aber Lisa will nicht. Sie sperrt das Ding ganz hinten in ihre Spielzeugschublade.
Und als Mama fragt: „Wo hast du denn deine Brille?", antwortet Lisa: „Die ist weg!"
Mama verspricht, dass Lisa sich ein schönes Geschenk aussuchen darf, wenn sie ihre Brille trägt.
Rollschuhe vielleicht oder eine Riesenstoffschlange.
Die hat sich Lisa nämlich schon lange gewünscht.
Aber Lisa schüttelt nur den Kopf.

Lisa geht ohne ihre Brille in den Kindergarten. Leonie und Yannik und Marie haben schließlich auch keine. Aber Sören hat eine. Lisa beobachtet Sören ganz genau.

„Was guckst du denn so?", fragt Sören.

„Ich gucke mir deine doofe Brille an", antwortet Lisa.

Sören lacht. „Meine Brille ist doch nicht doof. Die ist sogar ganz toll. Meine Brille kann zaubern!"

Lisa macht große Augen. „Zaubern?", fragt sie erstaunt.

„Mit meiner Brille sehe ich Sachen, die sonst nicht da sind", erklärt Sören.

„Dort, den Drachen auf meiner Kindergartentasche zum Beispiel."

Sörens Tasche hängt neben den anderen an der Garderobe.

Komisch, denkt Lisa, auf der Tasche ist doch nur ein roter Fleck.

Auf einmal wird Lisa sehr nachdenklich.

Zu Hause kramt Lisa ihre Brille
aus der Schublade. Ob diese Brille auch
zaubern kann? So wie die von Sören?
Lisa schaut sich die Brille von allen Seiten ganz
genau an. Soll sie es heimlich mal ausprobieren?
Schließlich darf Mama nicht glauben, Lisa wolle
nun eine Brille tragen.

Doch zum Glück backt Mama
gerade einen Kuchen in der Küche.
Lisa überlegt noch einmal kurz –
und schwups, sitzt die Brille auf
ihrer Nase.

Als Lisa durch die Brillengläser guckt, verwackelt das Kinderzimmer ein bisschen. Schnell schließt sie ihre Augen. Doch als sie vorsichtig erst eines und dann beide wieder öffnet, ist das Wackeln vorbei. Lisa schaut sich um. Sie staunt. Ihr Zimmer sieht ganz anders aus!
Die Leuchtsterne unter der Decke haben ja Gesichter! Und der Fensterbild-Clown hat nicht mehr Punkte auf seinem Hut, sondern kleine Blümchen. Und auf dem Bücherregal kann Lisa jedes einzelne Bilderbuch deutlich erkennen.
Toll! Lisa entdeckt immer mehr und schaut und schaut.

Ob das auch draußen funktioniert? Lisa schleicht an der Küche vorbei auf die Terrasse.
Diese Brille ist wirklich super! Über dem Blumentopf in der Ecke schwirrt eine dicke Hummel. Ihr Pelz sieht ganz kuschelig aus und ihre Flügel schimmern in vielen Farben.
Und was ist das? Aus dem Vogelhäuschen, das Papa an den alten Birnbaum gehängt hat, gucken lauter kleine Vogelköpfe hervor. Lisa kann ihre weit geöffneten Schnäbel erkennen, als die Vogelmutter angeflogen kommt.
Begeistert klatscht Lisa in die Hände und lacht und tanzt über die Terrasse.

Da kommt Mama aus der Küche. „Nanu", sagt sie und zwinkert Lisa zu. „Ich dachte, deine Brille sei weg?"
„Sie war nicht sehr weit weg", sagt Lisa. Sie schämt sich ein bisschen. Aber dann erzählt sie Mama, was sie eben alles entdeckt hat.
Mama lächelt. „Dann müssen wir dem Doktor also nicht sagen, dass du deine Brille nicht leiden kannst?"
Lisa schüttelt den Kopf. „Meine Brille ist die beste Brille, die es gibt. Die will ich behalten. Meine Brille kann zaubern!"

Am nächsten Morgen steht Lisa ganz früh auf.
Als sie sich fertig gewaschen und angezogen hat,
setzt sie gleich ihre Brille auf. Sogar noch vor dem
Frühstück!
Sie kann es kaum erwarten, in den Kindergarten zu
gehen. Heute will sie ihren Freunden ihre neue Brille
zeigen. Leonie, Yannik und Marie werden staunen.
Sören auch. Wenn Lisa es sich genau überlegt, mag
sie Sören eigentlich doch recht gerne. Und nun
können sie mit ihren Brillen um die Wette zaubern.

Neue Rechtschreibung

© 1999 Lappan Verlag GmbH
Postfach 3407 · 26024 Oldenburg
Reproduktionen:
litho niemann + m. steggemann gmbh · Oldenburg
Gesamtherstellung:
Proost International Book Production· Turnhout
Printed in Belgium
ISBN 3-89082-237-1